给孩子的简明中国史

A Child's History of China

太喜欢历史了！

知中编委会 编著

伍 魏晋南北朝

中信出版集团｜北京

图书在版编目（CIP）数据

太喜欢历史了！给孩子的简明中国史 / 知中编委会
编著. -- 北京：中信出版社, 2019.4（2025.9 重印）
ISBN 978-7-5086-9375-0

Ⅰ. ①太… Ⅱ. ①知… Ⅲ. ①中国历史－少儿读物
Ⅳ. ①K209

中国版本图书馆CIP数据核字(2019)第013398号

魏晋南北朝（太喜欢历史了！给孩子的简明中国史）

编　　著：知中编委会
出版发行：中信出版集团股份有限公司
　　　　　（北京市朝阳区东三环北路27号嘉铭中心　邮编　100020）
承 印 者：北京联兴盛业印刷股份有限公司

开　　本：787mm×1092mm　1/16　　印　张：5.5　　　　字　数：95千字

版　　次：2019年4月第1版　　　　印　次：2025年9月第32次印刷

书　　号：ISBN 978-7-5086-9375-0

定　　价：398.00元

如有印刷、装订问题，本公司负责调换。

服务热线：400-600-8099

投稿邮箱：author@citicpub.com

魏晋南北朝

时代背景

衣食住行

历史事件

ZHI CHINA
知中

太喜欢历史了！
给孩子的简明中国史

出版人 & 总经理
苏静

艺术指导
汉堡

内容监制
叶扬斌

撰稿人
郭怡菲 / 罗灿 / 书鱼 / 徐乐 / 许峥 / 李艺 / 绪颖 /
陆西渐

插画师
Ricky / 蒋讲太空人 / 子鱼非 / 黄梦真 / Zoey /
Yoka

策划编辑
王菲菲 / 苏静

责任编辑
陈鹏 / 叶扬斌 / 刘莲

营销编辑
马英 / 谢沐 / 张雪文 / 严婧 / 刘天怡

联系我们
zhichina@foxmail.com

发行支持
中信出版集团股份有限公司，北京市朝阳区惠新
东街甲 4 号，富盛大厦 2 座，100029

微博账号
@ 知中 ZHICHINA

微信账号
ZHICHINA2017

魏晋南北朝

文：书鱼，陆西渐

绘：蒋讲太空人（时代背景）
　　Yoka（衣食住行）
　　Zoey Yang（历史事件）

分裂与融合的时代

这一册讲的是魏晋南北朝时期的故事。魏就是曹魏,晋是司马家族夺取了曹魏的权力后所建立的新政权。265年年底,司马炎接受了曹魏最后一任皇帝——元帝的禅让,成为魏国的新主人,不过实际上,这时候曹氏的魏国已经不再存在了,我们称呼司马氏建立的新政权为西晋。280年,西晋灭亡了吴国,至此天下又归于统一。

但其实统一并不完全意味着和平,分裂也并不完全意味着战乱。西晋是一个非常动荡的时代,反而三国时期,在魏、蜀、吴的各自领导下,部分地区的百姓倒是有过安定生活。

魏晋南北朝持续了三百多年,在它之前是大一统的汉帝国,之后是强盛的隋唐。西晋虽然短暂统一了全国,但很快又因为各方势力争权夺利而陷入战乱,八王之乱、永嘉之乱等动乱相继发生。

后来,晋朝统一政权最终崩溃,社会进入了大分裂时代,形成了南朝与北朝对立的局面。但同时,因为中原动乱,这段时间有许多北方民族趁机进入中原,纷纷建立政权,所以历史上也认为这是一个民族大融合的时代。南朝经历了宋、齐、梁、陈四个政权的更迭,北朝则包含北魏、东魏、西魏、北齐、北周五个王朝。

魏晋南北朝虽是个混乱的时代,却孕育了自由的精神。就如同春秋战国时期那样,这时候的文化领域也是百花齐放、异彩纷呈。从政治的角度来看,它确实是黑暗的;但从文化角度来看,它又是多彩的、风流的。这一时期出现了许多著名文学家、艺术家、数学家、科学家等,他们都为世界文明做出了卓越贡献。

百闻不如一见,现在咱们一起回到魏晋南北朝看看吧!

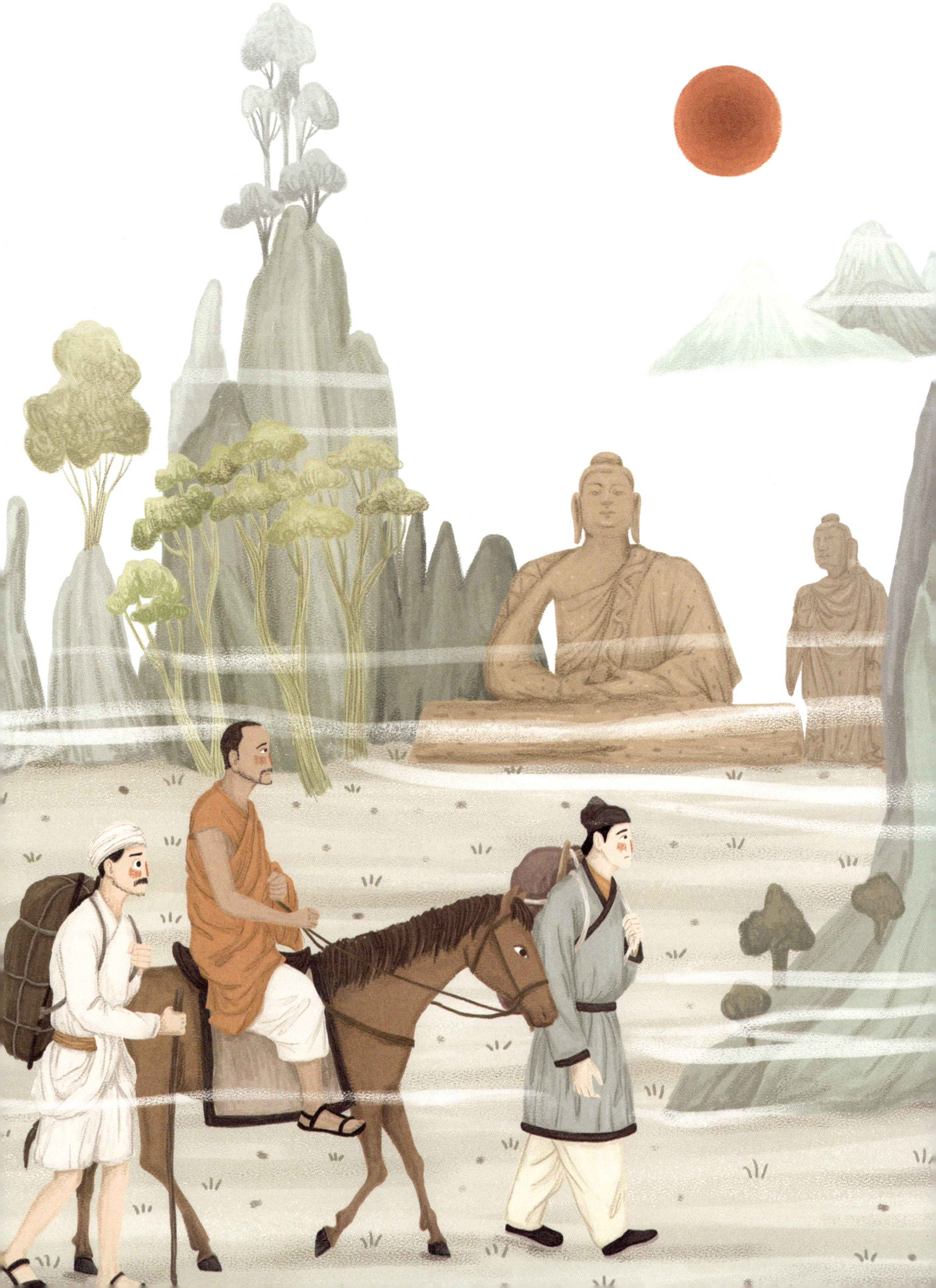

生活在魏晋南北朝

衣

魏晋南北朝时，读书人喜欢穿着宽大的衣服，有着宽大的衣带、衣袖和下摆的款式最受欢迎。有些放荡不羁的文人偶像甚至会袒胸露腹，格外自由奔放。这一时期的人们喜欢白色。就像现在西式的婚纱那样，这一时代的婚礼上有人穿的也是白色礼服。

魏晋南北朝时读书人的衣服样式跟东汉时期的差别不大，都非常潇洒飘逸。但底层百姓的着装就大不一样了。少数民族的大规模内迁带来了极不一样的习俗和风气。为了方便劳动，百姓们多穿紧身的衣服，衣袖比较窄。贵族女性的裙子也非常有特点：有的裙摆很长，拖在地上；有的裙摆层层叠叠，看起来像好几个三角形旌旗堆叠在一起。这时的女裙上面细下面宽，使女性看起来又瘦又高。

除了衣服，魏晋南北朝的人们也戴冠帽，即"笼冠"，又因为这是用黑漆细纱做成的，所以也叫"漆纱笼冠"，不论男女都可以用它来扎头发。如果不戴冠帽，也可以用头巾束发，不过这种扎头发的方式在东汉三国的时候就有了，诸葛亮就是头巾的"形象代言人"，所以这样的头巾又叫"诸葛巾"。

好玩儿的是，这时还出现了方便登山的运动鞋，鞋底有木齿，非常方便走山路。其中最有名的就是南朝文人谢灵运所穿的"谢公屐"了。

食

　　魏晋南北朝时可选的食物种类已经非常丰富，南稻北麦的主食风气也已形成。北方种麦，所以面食文化非常发达。石磨的广泛使用，使得面粉的加工变得更加容易。不过在当时，所有的面食都叫作饼。

　　从北魏的农学著作《齐民要术》可以看到当时种植了哪些蔬菜水果。如果穿越回去，你可以在市场买到芹菜、韭菜、萝卜、冬瓜、黄瓜、蘑菇。想吃水果的话，枣、桃子、樱桃、李子、梅子、杏、梨都是不错的选择，杨梅、椰子、甘蔗、荔枝等也可以吃到。

　　这一时期不仅食材丰富，烹饪方式也已经非常多样了。买菜回来后，你可以选择煎、炸、炒、烤来烹煮食物，也可以选择清淡些的烹、煮、蒸，有人把当时的鲈鱼脍、烤乳猪、炒鸡子、膏煎紫菜等美食的做法都记了下来。

住

在魏晋南北朝，如果你很有钱，就可以建造精装修的高档住宅，还可以自己修筑园林。如果你是普通百姓，则住的是土墙茅屋的民居。

建好了房子，现在咱们该买些家具了。这一时代的家具同之前时代相比也有不少变化，首先是床榻——人们可以在床榻上坐卧，但床和榻是有区别的，大而高的叫作床，矮而窄的叫作榻。东汉时从西域传过来一种叫胡床的家具，类似今天的马扎，方便人们随时收起来带走，此时广为流行。另外，你还可以在家里添置坐具。

唐朝的杜牧写过一句"南朝四百八十寺"，可见当时非常流行修筑寺院。不过因为当时多数建筑都是土木混合结构的，所以许多寺院都在战乱及灭佛运动中被烧毁了。佛教的流行不仅诞生了大量的寺院，还带来了精美的石窟艺术。中国的四大石窟——敦煌莫高窟、云冈石窟、龙门石窟、麦积山石窟都是在这个时代开凿的。

（行）

　　在过去，有地位的人都是坐马车出行的，但在西汉初年以及东汉末年，战乱频发，马都派到战场去打仗了，数量比以往减少了很多，所以只有贫民才乘坐的牛车慢慢成为当时的主流交通工具。东汉的光武帝提倡节俭，简朴的牛车也变成了很多人引以为荣的交通工具。马车虽然速度快，但是牛车平稳，所以乘坐起来更为舒服。不过慢慢地，牛车也出现了等级区别，发展到北魏时，皇帝乘坐的牛车得十二头牛才能拉动，可见皇家的排场有多么豪华！

⊙1

这是司马家族的时代！

▶ 司马昭与曹奂。

世界 大事记 中国

269年 罗马帝国高卢地区爆发巴高达运动

249年 高平陵之变，司马家族掌握曹魏大权　　265年 司马炎建立西晋　　268年 晋武帝司马炎实行分封制，颁布《泰始律》

司马懿、司马师、司马
昭、司马炎，他们的关
系是怎样的？

司马家族登场

239年，魏明帝曹叡去世
了，他年仅七岁的儿子曹芳当
上了新皇帝。由于年纪小，魏
国的政权落入了当时的两位辅
佐大臣手中，一位是大将军曹
爽，另一位是太尉司马懿。曹
爽是一个贪图享乐又没有真才
实学的人，在司马懿的有意退
让之下，他独自把持了十年朝
政。而这段时间里，司马懿则
在家里装病，暗中积攒力量。

249年，趁着曹爽陪同皇
帝出城到高平陵扫墓的机会，久
病不出的司马懿发动了政变。这
一次，司马懿狠狠打击了他的老
对头曹爽，从此，司马氏一族正
式掌控了曹魏的政权。

西晋的建立

司马懿去世后，先是他的
大儿子司马师继承了他的权力
与事业。为了扫除曹氏的残余
势力，司马师诛杀了当时的许
多重要官员，还废掉了曹芳，
改立曹髦（Cáo Máo）为皇
帝，对朝廷进行了一次大清
洗。但次年，司马师就因病去
世了，权力落到弟弟司马昭的
手里。

司马昭通过打仗获得了军
功，先后被封为"晋公""晋
王"。魏帝曹髦很焦虑，眼见着
司马昭越来越有权势，如果他
要对自己下手可怎么办？想到
这，曹髦赶紧召集几个心腹，
忧虑地说："司马昭之心，路人
所知也。"希望大家帮他一起除
掉这个隐患。可惜这次行动不
仅失败了，曹髦等人还丢了性
命。这次事件后，司马昭立了
曹奂为帝。

然而，司马昭还没能来得及
过一把皇帝瘾，就生病去世了。

司马昭的大儿子司马炎可

11

▲ 晋武帝司马炎实行了分
  封制。

不甘心只做个小小的王侯，他指示手下逼迫曹奂通过禅让的方式，让自己登上了皇帝宝座，并改国号为"晋"。为什么司马炎要逼迫曹奂退位禅让，而不是直接杀掉曹奂呢？因为在过去，人们内心是有着对"正统"的认同心的，一个人想取代"正统"成为皇帝，

必须要通过名正言顺的方式，这样得来的皇位才"合法"。随随便便杀了皇帝，换自己来做，是不忠不义之举，也不能得到大家的支持。再加上前有王莽的先例，所以司马炎才这样做。

总之，晋朝建立了以后，曹魏也就灭亡了。

太康盛世

在晋武帝司马炎看来，曹魏灭亡，是因为宗室力量太过弱小，发生了什么事，彼此都帮不上忙。于是，他发布了实行分封制的政令，将司马氏的子孙后代们分封为王。司马炎在位期间一共分封了二十七个

世界 大事记 中国

284年 戴克里先结束罗马帝国"三世纪危机"，开始政治改革

▲ 太康盛世。

同姓王。

　　不过，这种分封制度不仅没有实现司马炎巩固政权的初衷，反而为之后发生的八王之乱埋下了隐患。宗室们虽然明面上附和他，实际上却在背地里建立自己的地方势力。

　　280年，司马炎终于消灭了南方的吴国，一统天下，改年号为太康。

　　在政治上，司马炎整顿吏治，任用有才能的人。随着《泰始律》的推广和实行，他连续下诏，要求各级官员尽自己的职责，地方官员在遵守法律的同时还要举荐人才。经济上，司马炎继续推行曹魏以来一直都很有效的屯田政策，并大力兴修水利，开凿新渠，修复旧渠。

　　随着水利事业的发展，一些灌溉工具也被百姓们广泛应用，这大大促进了农业的恢复和发展。同时司马炎还颁行了限田政策，规定上至诸侯王下到普通百姓，都要缴纳以田亩数量为根据的赋税数额。

　　司马炎的民族政策以招抚为主，镇压为辅，北方少数民族入居中原，归附西晋，边境慢慢恢复了和平。由于司马炎在政治、经济、民族关系等方面都采取了一系列有利于巩固政治和社会发展的政策措施，这段时期出现了被誉为"太康盛世"的繁荣景象。

02

同室操戈的
超级大乱斗

你知道八王之乱持续
了多少年吗？

皇后贾南风

齐王司马冏

成都王司马颖

太傅杨骏

汝南王司马亮

赵王司马伦

世界 | 大事记 | 中国

291年 皇后贾南风专权，八王之乱开始

294年 匈奴等其他民族反叛晋朝，拉开五胡乱华的序幕

乱世前奏

西晋时期司马家族曾发生了一场史无前例的超级内斗，为的就是争夺皇权，而这一切，正是因为之前我们提到的宗室分封埋下的隐患。

290年，司马炎患上了重病，在他觉得自己快要死了的时候，留下诏书，让他的叔叔司马亮与皇后杨芷的爸爸杨骏共同辅佐自己的儿子司马衷。但是杨氏父女伪造了遗诏，使得杨骏以太傅身份独揽了大权。

八王之乱

虽然司马衷从小就是个笨蛋，但他的皇后贾南风却是个狡诈的狠角色。杨骏独揽朝政大权，触犯了贾家的利益。于是皇后贾南风便跟楚王司马玮合谋，杀掉了杨骏，并诛灭其党羽数千人，还逼迫杨太后绝食而死。

河间王司马颙

长沙王司马乂

楚王司马玮

东海王司马越

◀ "八王之乱"中涉及的主要人物。"八王"并不是说只有八个王作乱，而是主要参与者有八个王。你能说出分别是哪"八王"吗？

趣味典故

何不食肉糜

"何不食肉糜"这个成语出自《晋书·惠帝纪》。肉糜就是肉粥，在古代社会里只有达官贵人才能经常吃到。晋惠帝司马衷在位时期，爆发了一次饥荒，百姓们大量饿死。灾情层层上报到司马衷面前的时候，没有生活经验、不知民间疾苦的司马衷问道："没有饭吃，他们为什么不吃肉粥呢？"

后来，"何不食肉糜"被用来比喻对事物没有全面认知，或没有亲身经历过的人，对别人的处境或行为妄加评议。

15

301年 古罗马皇帝戴克里先创立限制最高价格法以抑制通货膨胀

300年 司马伦起兵杀贾皇后，并于301年自立为帝

301年 氐族人李特在巴蜀地区叛乱，后来李特之子李雄建立成汉

随后，贾南风又接连设计处死了她的新政敌——司马亮、司马玮和卫瓘（Wèi Guàn），西晋正式迎来了贾南风专权八年多的局面。

当时的太子司马遹（Sīmǎ Yù）并不是贾南风的儿子，他和他的亲生母亲都与贾南风不和，所以专政的贾南风决定罢黜并杀死这个太子，以免以后坏了自己的好事。但这也给她招来了杀身之祸。

手握都城兵权的赵王司马伦早想推翻贾南风了，于是借口要为太子报仇，带兵闯进宫里去，诛杀了贾南风及其党羽。夺得朝中大权之后，司马伦自称皇帝，软禁了原本的皇帝司马衷。

司马伦篡位的消息一出，立刻遭到了其他诸侯王的反对。从齐王司马冏联合成都王、河间王起兵讨伐司马伦，到306年东海王司马越立司马炎的第二十五子司马炽为帝，独掌朝政大权为止，长达十五年的八王之乱才终于结束。这期间，司马家族的人为了争夺皇位，杀了个你死我活，西晋国力也因此迅速衰落。

成语讲堂

衣冠南渡

"衣冠南渡"这个成语出自唐朝刘知几的《史通·邑里》，原句是："异哉，晋氏之有天下也！自洛阳荡覆，衣冠南渡，江左侨立州县，不存桑梓。"

衣冠名义上指的是衣和冠，即士族的服装。实际上指代当时的士族，也借指文明礼教。南渡，渡水而南，也就是南迁的意思。最早的衣冠南渡，指的是在西晋末年的乱世征战中，晋元帝司马睿率中原汉族臣民从原本的京师洛阳南渡，在建康建立东晋，这是中原政权的政治中心和文明第一次向南迁移。

▲ "八王之乱"前后，西晋皇权的转移图示。

303年 罗马帝国开展可能是最后且最大的一次对基督徒的迫害

304年 匈奴人刘渊率兵叛乱，自称汉王

306年 八王之乱终结，东海王司马越获得最终胜利

03

西晋内乱！
北方各族纷纷建立了
自己的国家

西晋末年，大批人口的迁徙为文化带来了哪些改变呢？

五胡乱华的序幕

西晋末年，政治腐败所引发的八王之乱给百姓们带来了痛苦的动荡和灾荒。内乱期间，北方各族也纷纷趁乱反抗，相继建立了十六个割据政权，史称"十六国"。五胡泛指匈奴、羯（Jié）、氐（Dī）、羌（Qiāng）、鲜卑北方各族。早在东汉末年，他们中有许多人就陆陆续续迁到中原居住。

西晋内乱中，匈奴人最先起来反抗。他们在现在的山西境内起兵，与此同时，氐族人齐万年也在关中地区起兵响应。这场北方民族的叛乱拉开了五胡乱华的序幕。

氐族人建立的成汉

连年的干旱饥荒，使得百姓们不得不进行人口迁徙。在他们的队伍中，氐族人李特非常热心，时常救助流民中的弱者，所以大家推举他为领袖。

大家好不容易来到巴蜀地区，却得到政府禁止流民们在当地逗留的消息。更糟糕的是，

当地官员贪婪成性，不仅向流民们索要过路费，还催促他们赶紧上路离开蜀地，甚至派出军队袭击流民。在这样的情势之下，流民们不得不奋起反抗，在李特的率领下大败晋军。

这些以李特为首的流民渐渐发展成为一个独立的政权。李特死后，他的儿子李雄继续领导流民和西晋政权斗争。303年，李雄的军队攻下成都，并在306年称帝，国号成，历史上称之为"成汉"，这也是当时第一个正式称帝的少数民族政权。

世界 大事记 中国

307年 鲜卑人慕容廆自称大单于

▼ 向中原内迁的北方民族纷纷反抗西晋，兴兵立国。

19

匈奴人建立的前赵

李特在巴蜀地区的叛乱仅仅是一个开端，随后各地都爆发了不同程度的暴动。与此同时，以匈奴为首的其他各族也在继续趁乱酝酿反晋活动。因为汉族百姓大部分都流亡南下了，胡人和汉人在北方的人口比例产生了巨大变化，胡人的人数迅速增加。于是，匈奴首领刘渊便借势独立起来，建立了自己的政权。

其实在八王之乱还没平息的时候，刘渊就已经被匈奴的贵族推举为大单于了。304年，刘渊自封为汉王，四年后刘渊改称皇帝，国号汉，后又改称赵，历史上称为前赵或者汉赵。

西晋的灭亡

310年，匈奴联军入侵中原，将洛阳包围。因为没有足够的后援，晋王朝不得不准备放弃洛阳，突出重围。不幸的是，这个计划被匈奴联军识破了。311年，匈奴军攻破洛阳，皇帝司马炽被俘。

战火摧残之后的长安城也已是强弩之末。继位的司马邺为了拉拢那些拥有武装的地主，肆意向他们授予将军之职，但是却忽略了底层百姓们的生活。基础的农业生产得不到恢复，统治阶级内部不断发生的摩擦，都让百姓们的生活更为艰难。

316年，匈奴人再次进攻关中，围攻长安。长安城中没有足够的粮草，根本无法与匈奴人长久对抗。不久，长安城被攻破，西晋王朝就这样灭亡了。

鲜卑的崛起

在匈奴人发展壮大的同时，鲜卑人也不甘落后，一直扩大着自己的统治范围。307年，慕容廆（Mùróng Wěi）自称鲜卑大单于，建立政权。为了追求安定的生活，饱受战争困扰的中原汉族人大批大批地来投靠慕容氏。他们带来了对鲜卑族来说更先进的农耕文化，同时给慕容氏带来了一套统治国家的方法。慕容氏设立了侨郡、侨县来收留这些百姓。

人口的迁徙带来了文化上的交流与碰撞，中原地区的汉文化让鲜卑人快速成长，鲜卑贵族的子弟们通过接受儒家文化的教导，拥有了建立和管理一个王朝的能力。337年，慕容皝（Mùróng Huàng）建立了前燕，开始了自己的霸业征途。

世界大事记 中国

313年 古罗马皇帝君士坦丁一世和李锡尼共同颁布了《米兰敕令》，承认基督教的合法地位

311年 匈奴人攻破洛阳，掳走晋怀帝

313年 晋朝名将祖逖发动北伐

316年 匈奴人攻破长安，晋愍帝投降，西晋灭亡

04
西晋的文化成就

你知道《三国演义》和《三国志》有什么联系和区别吗？

虽然西晋统治的时间不算太长，前后不过五十一年，而且一直处于战乱和动荡中，但是文化领域内却涌现了一批有才华的学者，给后世留下了许多经典著作。

最早的中医脉学著作

在医药学领域中，西晋著名的医生王叔和博览群书，苦心钻研，总结了扁鹊、华佗、张仲景等医学名家的实际医学案例，并结合自己的临床实践，写成了《脉经》十卷，这是现存最早的中医脉学著作。

《脉经》总结了西晋以前的脉学经验，论述了各种疾病的诊断方法，而在此之前，世上没有一本专门的脉学书籍供医者们研究。所以，《脉经》的问世不仅对于后世脉学的实践很有意义，最重要的是里面保存了大量古代中医的文献资料，这也为我们当世的中医理论研究提供了丰富的素材。

最早的历史地图集

在地理学领域，裴秀的《禹贡地域图》是中国目前有文献可考的最早的历史地图集。这个地图集中，裴秀提出了"制图六体"的理论。"制图六体"是指绘制地图的六项原则，归纳起来，也就是现代地图学所提及的比例尺、方位和距离三要素——绘制地图必须制定比例尺，确定两者之间的位置，并求得两者之间的水平直线距离。自裴秀之后直到明朝末年，我国地图的绘制方法都遵循着制图六体理论。因此，裴秀在我国地图史上有着重要地位。

大放异彩的数学研究

你害怕做数学题吗？如果回到西晋以后的时代，你一定会感谢数学家刘徽，因为他提

21

供了许多有用的解题方法。

数学家刘徽被称为中国古典数学理论的奠基人之一，他为《九章算术》作了注解，弥补了原书的不足。在《九章算术注》中，刘徽阐明了各种解题方法的原理，给出了简要的证明，指出了某些近似解法的精确程度和个别解法的错误，简直就是一套解题大全。更重要的是，他开创了一些被后世长期普遍使用的数学方法，帮助大家解决数学问题。

《三国志》的完成

与数学相媲美的还有史学领域内的成就。西晋结束了数十年的分裂局面后，陈寿花了好几年时间完成纪传体史书《三国志》。此书完整地记录了自东汉末年到西晋初年这近百年间中国从分裂走向统一的历史全貌。史学界把《史记》《汉书》、《后汉书》和《三国志》合称为"前四史"。

《三国志》是一本非官方的史学著作，也就是说，它并不是朝廷要求史官写就的。作者陈寿是从个人角度记录这段历史的相关情况的。此书一经问世就受到了学术界的好评。大家所熟知的《三国演义》也是在《三国志》的基础上戏说改编而来。

成语讲堂

洛阳纸贵

晋朝文学家左思以三国时魏、蜀、吴都城的风土、人情、物产为内容，编写成《三都赋》。因为刚成文时并未受到大家的重视，左思不甘心，找到了著名文学家张华对自己的文章进行评价，受到好评的《三都赋》很快风靡洛阳。

由于当时还没有发明印刷术，喜爱《三都赋》的人只能争相抄阅，因为抄写的人太多，洛阳的纸张供不应求，一时间全城纸价大幅度上涨，这就是洛阳纸贵这一成语的由来。这个成语用来比喻文章写得好，风行一时。

▲ 《海岛算经》原是《九章算术注》中的一卷，研究的是测量距离的应用题。

05

魏晋时代的七个大明星：
竹林七贤

竹林七贤真的是在竹林里的七个人吗？

这么看下来，你是不是也发现了，魏晋时期是一个比较混乱的时期呢？

现实的痛苦，让人们更加关注、追求精神世界的自由。所以，这时候大家评价一个人的标准不再是道德风范，而变成了外貌以及精神气质，即在文化史上我们称之的"魏晋风度"。

"魏晋风度"独属于这个时期，魏晋士人最崇尚这种人格魅力，这其中有几位教科书级别的人物，后人称他们为"竹林七贤"。

"竹林七贤"指的是阮籍、嵇康、山涛、向秀、刘伶、阮咸、王戎这七个人。因为他们的气质很像，所以后人把他们归在一起讲，还给了他们"七贤"的名号。但他们并没有一同在竹林里游玩过，即使有，或许也只有一次吧。关于这个问题，历史学家们一直在争论，还没有争出个结果来。不过，魏晋时候的士人们确实喜欢在依山傍水的地方聚会。

25

◀ 竹林七贤。

这七个人都是世家大族出身，不过他们的特长和职业不太一样。阮籍和嵇康比较率直，不喜欢做官，而山涛、王戎在朝廷里很有地位。刘伶喜欢喝酒，阮籍、阮咸、嵇康则很擅长音乐。

阮籍是一个崇尚老庄哲学的人，很有才华，就是比较孤僻。他很不喜欢司马家族，但司马家族却看上了他，甚至想把女儿嫁给他。不过阮籍酷爱喝酒，天天喝得烂醉，这才躲过了联姻。

嵇康是当时魏晋士人们的偶像。他不仅很会作诗，文章也写得非常好。他崇尚老庄思想，和阮籍一样不喜欢政治。有一次山涛好意推荐他做官，嵇康就跟山涛绝交了。后来，嵇康是被司马家族杀死的，在死前，他还是把儿子托付给了已经绝交的老朋友山涛。

山涛也喜好老庄，常常隐居在乡里。最开始他与嵇康、吕安关系很好，后来又结交了阮籍这个朋友。"竹林七贤"就是经山涛互相介绍才认识的，他们因志趣相投而成为好友，渐渐有了日后的名声。山涛四十岁才开始当官，但是他很会做人，又有政绩，深受百姓的爱戴和朝廷的重用。

向秀也喜欢谈论老庄思想，曾经给《庄子》写过注解。之后在山涛的引荐下认识了嵇康与阮籍。因为嵇康喜好打铁，他俩经常在嵇康家门口一块儿打铁娱乐。嵇康和吕安死后，向秀心境更加淡泊了，写下千古名篇《思旧赋》怀念自己的老朋友。

刘伶也喜好老庄之学，是一个追求自由的人。刘伶虽然长得丑，但是活得非常洒脱，他跟阮籍、嵇康的关系都很好。刘伶因为特别爱喝酒，被人们称为"醉侯"。他去哪都带着酒，还让人扛着铁铲跟着，说："如果我醉死，就把我就地埋了。"

阮咸是阮籍的侄子，与阮籍并称"大小阮"。阮咸非常豁达，世俗的礼节束缚不住他，在他看来，不穿衣服也没什么不正常的。此外，他对音乐非常精通，琵琶弹得特别好，有"神解"的美誉。

王戎从小就十分聪明，"树在道边而多子，必苦李也"这句话，就出自幼年的王戎之口。他的胆子还特别大，看见老虎也不害怕，连魏明帝都称赞他是个奇童。他与父亲王浑的好友阮籍年纪虽然相差很大，却是忘年交。因为善于提出话题，能抓住要点，而且有着很高的鉴赏能力，王戎很受当时的名士们欣赏。

知识充电站

魏晋的文人与名士

文人与名士，用现在的话来说就是知识分子，是有教养的读书人。在汉代的时候，士大夫是位于统治阶级的读书人，他们大都非常擅长儒学。但到了魏晋，士人产生了一些变化：因为社会风气影响，人们开始不喜欢谈论政治了，转而去追求文学和艺术上的成就，这时候的读书人大都比较擅长老庄学问。需要一提的是，在当时，这些士人大多是世家大族出身，因而享有一些特权，没有那么多生存上的烦恼，所以他们才有条件追求精神上的东西。

06

并不太平的东晋

世界

大事记

中国

317年 司马睿在南方正式称帝，
东晋开始

319年 羯人石勒称赵王，建立后赵；刘曜称帝，改国号
为赵，历史上称为前赵

永嘉南渡

▼ 西晋官员及百姓们迁移到江东。

西晋末年的八王之乱以及随后的北方民族入侵，把整个国家搞得乌烟瘴气。307年，西晋的官员百姓们不得不向南方逃亡，他们的目的地，是有着长江天险并且粮食充足、社会较为稳定的江东，这一次大规模的人口迁徙在历史上被称为"永嘉南渡"。

琅琊王司马睿也是在这一时期随同王氏、诸葛氏这样的世家大族来到江东，重新建立起晋朝朝廷的。

不过司马睿是受东海王司马越的派遣而来的，加上此时北方的晋室正统依然苟延残喘，司马睿"名不正言不顺"，只是一个象征而已。这个"晋朝朝廷"的实权其实掌握在一些世家大族手中，尤其是王氏，他们才是这个政权真正的主事人。

直到317年，北方晋愍帝的死讯传到江东。在南渡士族和江东士族的拥戴下，司马睿才最终称帝，正式建立了东晋。

一国不容二"赵"

前面我们说到，匈奴人刘渊自称汉王，建立了前赵（又称汉赵）。刘渊病死之前，前赵已经能够和东晋打个平手，形成了南北两朝对峙的局面。

刘渊建立的前赵本来就是多个少数民族混合的政权，不过人数最多的还是匈奴和羯族。刘渊在世时大家还能和平相处，他一去世，前赵就立刻陷入了混乱。在王室内斗中，宗室将领刘曜获得了胜利，即位称帝。但接下来，羯族领军人物石勒发动的叛乱，给了前赵政权致命一击。

石勒原本出身于部落一个小头目的家庭，曾经在战乱中被贩卖为奴隶。不过，虽然以前的经历不好，他却没有就此沉沦。投靠刘渊后，石勒以襄国为根据地，先后灭了好几个在北方的西晋势力，成了能与前赵朝廷分庭抗礼的势力。

就在刘曜称帝的同年农历十一月，石勒也自称赵王，控制了汉赵的半壁江山，人们管

29

他建立的势力叫作"后赵"。从那以后，刘曜和石勒就经常打仗。刘曜在关中地区无法正确处理氐、羌等民族的关系，导致叛乱不断，直到前赵覆灭也没能形成一套有效的统治体系。与之相反，石勒总是用谦卑的态度来招揽有学问的官员，有效的管理方式和能干的部队帮助他大大扩充了自己的势力。

328年，前赵和后赵在洛阳城西展开最后的决战，石勒大获全胜，前赵主力被消灭。后赵军乘胜西进，消灭了前赵残余势力，前赵就此灭亡。石勒成了北方新的统治者。

半途而废的北伐

在北方各个势力陷入混战的时候，东晋朝廷选择了偏安江东。不过，东晋还是有不少壮士英杰立志北伐中原，兴复晋室。在这些人中，最有名的就是刘琨和祖逖（Zǔ Tì）了。

刘琨年轻时是一个文人，永嘉之乱后毅然从军。在败给

世界 大事记 中国

325年 罗马帝国第一次尼西亚公会议举行

328年 东晋将领苏峻发动叛乱，再次攻陷都城建康，不久战败被杀

▲ 东晋北伐。

330年 罗马皇帝君士坦丁一世迁都到
拜占庭，并将其改名为君士坦丁堡

337年 君士坦丁一世去
世，罗马帝国爆发内战

329年 后赵经过十年战争彻底击败前赵，占领华
北大部分地区，次年石勒称帝

▶ 祖逖年轻时就很有抱负，为了以后能报效国家，他一听见鸡叫就爬起床来舞剑。

了石勒等人后跑去投奔幽州刺史段匹磾（Duàn Pǐdī）。318年，刘琨卷入了鲜卑段氏的内讧之中，被下狱囚禁。东晋的权臣王敦很忌惮刘琨，怂恿段匹磾将刘琨及其子侄四人杀害了。

祖逖出身于北方大族范阳祖氏，年轻时就喜欢研究兵法。永嘉之乱中，他带领家族在江淮避乱时，站在了东晋抵御北方入侵的第一线。他不满足于被动防守，多次依靠自己的力量反攻北方，十分勇猛。317年，祖逖率领的北伐军收复了黄河以南的大片领土。但此时的东晋朝廷既没有收复失地的决心，又深陷权力斗争，根本没有精力去管什么北伐不北伐的事情。

321年，祖逖忧愤而死，北伐大业就这样失败了。

07

在这里，
一切都是世家大族说了算

你知道两晋时期是如何选拔人才的吗？

九品中正制

两晋时期，随着九品中正制作为选官制度的确立，高门大族已经完全掌握了政权，成为实际上的统治力量。到了东晋时期，司马睿的统治完全仰赖于以王导、王敦为代表的北方流亡士族，尤其是琅琊郡的士族。所以东晋实际上是一个由世家大族掌握的朝廷，评价一个人的才干并不是看个人能力，而是完全取决于他的出身，甚至连婚嫁都有着严格的门户区分，士族人家是绝对不会跟寒门结亲的。到了后

▲ 垄断的世家大族政治使士族与寒门的差别越来越明显。

大书法家王羲之

琅琊王氏家族出过王敦这样的叛臣，也出过伟大的书法家王羲之。他自小擅长书法，笔力深厚，有"入木三分"之誉，他创作的书法作品《兰亭集序》，后来被宋代的书法家米芾称为"天下第一行书"。

王羲之的儿子王献之的书法更加俊秀风流，也更具突破性。他的字体字形方长，遒劲有力，这是他自己独特的风格。在晋末至南朝梁时期，王献之书法的影响甚至超过了他的爸爸。

来，因为同等级的士族成员数量渐少，人们很多都是近亲结婚。可见他们有多么看重一个人的出身！

这种垄断式的士族政治由于圈子狭小、通婚频繁，加上这些贵族子弟出生之后就过着衣食无忧的生活，所以他们大多不知道平民百姓的生活艰难。随着时间的推移，有才干的世家子弟越来越少了。

到了东晋末年，这些高门大族子弟有的已经成了怕马如虎，自己走不了路，遇到危险会被吓死的人。但即便如此，由士族把控的九品中正制仍然在阻断寒门子弟上升的途径，这也导致了东晋后期连绵不绝的动乱。

34　▶ 王敦因为权力很大，渐渐有了造反的想法。

王敦之乱与苏峻之乱

东晋的门阀政治一直都处于不稳定的状态。东晋初期的王敦之乱与苏峻之乱就是这种不稳定的体现。

王敦因为出身显赫，担任了大将军、江州牧等重要的职位，掌握着东晋在长江上游的军事力量。东晋的建立者司马睿想重振自己的皇权，所以，琅琊王氏就成为了他首先要解决的问题。

手握重兵的王敦当然不会坐以待毙。所以322年，王敦以讨伐奸臣的名义在武昌起兵，这次起兵受到了几乎所有士族的支持，因此非常顺利，不过，这也大大刺激了王敦的野心。自己已经这么有影响力了，为什么还要听从别人的命令呢？于是324年，王敦再次进攻建康，试图篡位称帝。但这个赤裸裸的反叛行为遭到了全体士族的反对，王敦在屡战屡败中病死，叛乱最终得以平息。

受到王敦叛乱的影响，长期以来被阻挡在江北的流民军队首次被东晋朝廷引来参战，其中就有苏峻控制的军队。苏

峻虽然接受了讨伐王敦的命令，并立功受封，但是这帮由流民组成的军队一直不受朝廷信任。328年，苏峻也起兵造反了。可是，攻入建康的苏峻完全不被士族接受，所以他很快就因为战败而被杀死。

屡败屡战的桓温

桓温是东晋中期比较重要的权臣与将领，非常富有进取心，成汉政权就是被他消灭的。这一战不但巩固了桓温的军事地位，还让他得到了巨大的政治威望和特别的封赏，这就更方便他培植自己的势力了。

桓温原本打算通过北伐来积蓄声望与力量，然后取代东晋朝廷，自己做皇帝。可惜事与愿违，桓温进行了三次北伐，最后还是以失败告终。

自己当不了皇帝，那就想办法让现在的皇帝变成自己的傀儡吧。于是，他开始琢磨怎么加强对东晋朝廷的控制。桓温又是逼反大臣袁真，又是废黜旧帝，扶立新帝，还积极清除异己，如诛杀合不来的大臣等，费了好大的功夫。但因为各方势力都不认可他，所以直到临死前，他也没有能够实现自己的野心。

▲ 大书法家王羲之非常爱鹅。

权力滔天的士族

汉朝时是由地方官员来推荐贤才的，这和九品中正制很像。"中正"是一个负责推荐官员的岗位，他所推荐的人才，又被分为一品到九品，根据品级的高低，他们所能得到的官职又有所不同。在中正的推荐中，除了要介绍这个人的品德与能力，更重要的是要介绍他的家世背景。如果他的爸爸官位高，他所能得到的品级也会比较高，这么一代一代下来，就形成了士族和门阀，想突破这种门户的障碍是非常困难的。王敦、苏峻和桓温，他们的成败，都得仰赖这些世家大族们的看法。这样的政治，又叫门阀政治。

08
在东晋可以
信仰什么宗教呢？

为什么葛洪要把道
教和儒家学说结合
在一起呢？

东晋的道教

　　东晋时期战争太频繁了。现实的悲惨，使得百姓们试图在宗教中寻找心灵安慰，道教迅速发展成熟。道教汲取了中国的原始宗教和巫术，把老子、庄子代表的道家思想、秦汉时期的神仙方术、儒家的周易五行、民间流传的养生术等融为一体，可以说是中国古代传统文化中的独特代表。

　　东晋时代的道士葛洪是改良民间道教的关键人物之一，他写有一本经典的道教典籍《抱朴子》，里面融合了很多道教方术，包括炼丹、养生、风水、占卜等。葛洪所宣扬的思想中，最主要的一点在于：神仙是存在的，世人都可以通过修炼来成为神仙，修炼的方法就是各种方术。为了完善这个理论，葛洪还确立了道教的神仙理论体系。

　　葛洪的炼丹术也并不完全是胡编乱造，他在化学上有一定成就。葛洪发现、记载了很多化学反应和化学现象，改良了炼丹需要的一些设备和方法。但当时，统治阶级信奉的是儒家学说呀，所以为了使道教更易被接受，他把道教和儒家学说尽可能地融合在一起。

　　陶弘景则是道教改革的另一位里程碑式人物。他所生活的南朝我们在后面会讲到。他在道教的基础上，还发扬了医药学、养生学、炼丹学，并且创立了道教中的上清派。通过陶弘景的努力，原本在民间传播的道教被彻底改造为官方的正统宗教。此外，他还写了一本叫《真灵位业图》的书，里面确立了完整的道教神仙体系，我们熟悉的太上老君、元始天尊等，都是他在这本书中设定出来的。

37

中国历史上第一位到海外求取佛经的人是谁，你知道吗？

佛教在东晋的发展

魏晋时期，佛教也开始广为传播，研究佛经《般若》的般若（bōrě）学是当时最主要的流派。佛经的原文都是梵文，佛教要传播，当然需要有人把梵文的佛经翻译成大家能够看懂的文字。所以两晋南北朝出现了很多翻译佛经的运动，其中最重要的是法显和鸠摩罗什所带领的两次译经运动。现在我们用的很多汉字词汇，都是在翻译佛经时发明的，比如"世界""未来"等。

鸠摩罗什出生在西域龟兹国，从小他就四处游学，佛法学得特别好。长大后，鸠摩罗什名气越来越响，为了争夺这位有名的高僧，几个政权还曾大打出手。不过，这个传奇人物曾经被吕光扣留在凉州十几年，吃了很多苦头，甚至被迫娶妻。直到后秦的姚兴打败吕光，才以国师的礼遇将鸠摩罗什请到长安宣讲佛法，还建立译场，让他召集了八百多名僧侣翻译佛经。这大大推动了佛教的发展。

法显则是中国历史上第一位去海外求取佛经的僧人，比唐朝的玄奘还要早两百多年。他从西域走陆路抵达天竺（今印度），又从斯里兰卡坐船，从海路返回中国，带回了众多佛教经典，又做了大量的翻译工作。法显花了七年时间，翻译出了一万多言的佛经。后来，他还撰写了记载自己旅行见闻的《佛国记》，又叫《高僧法显传》。

在佛教译经运动进展的同时，佛经也成了许多人自我安慰的良药，信仰佛教的人数大涨，甚至连后来的梁武帝萧衍等皇室贵族都成了佛教信徒。

◀ 魏晋时期，道教非常受欢迎，人们喜欢炼丹，追求长生不老。一种叫"五石散"的药物深受众多名士喜爱。

39

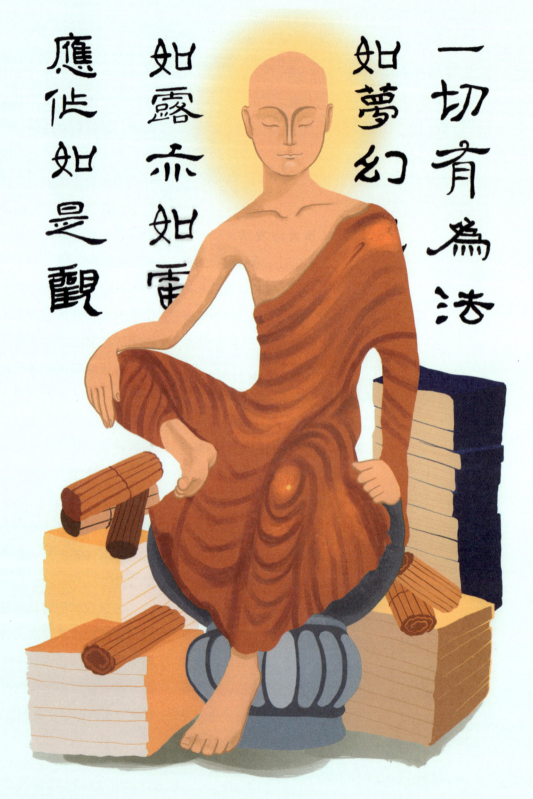

一切有爲法
如夢幻
如露亦如電
應作如是觀

40

▲ 鸠摩罗什是晋时有
　名的高僧。

09

东晋时代的
文艺青年看什么？

在顾恺之看来，
画人物最重要的
是什么呢？

东晋时代，九品中正制限制了真正有才识的人参与国家治理，成为滋养不学无术、无才无德的世家大族们的土壤。尽管如此，世家大族阶层中也涌现出一些杰出人物，诞生了不少优秀的艺术作品。

田园大家陶渊明

著名文学家陶渊明就生活在东晋时代。他的先祖陶侃曾经地位显赫，但是到他出生的

▶ 东晋著名画家顾恺之。

时候家境已经衰落。陶渊明学识过人，性格更是十分耿直，不肯为了一点俸禄而屈膝讨好上级，毅然辞职，留下了"不为五斗米折腰"的佳话。

后来陶渊明与家仆以种地为生，并在其中领略到了田园自然的美，为此写出了大量诗词和散文，其中的著名作品有《归去来兮辞》《五柳先生传》《饮酒》等。他的诗文题材大都以田园生活为主，《饮酒》对后世影响极大，许多读书人都高度推崇和效仿它，对唐诗中的田园诗派更是影响深远。

画家顾恺之

生活在东晋时期的顾恺之是中国绘画史早期非常重要的人物，尤其擅长画人物、山水及佛教题材。他画人物，最看重神态，听说曾经给人画像时，迟迟不肯画眼睛，旁人问他为什么，顾恺之回答说人的神采内心，全在那眼睛里。顾恺之为人物点上眼睛后，画像果然栩栩如生。有一次他给裴楷画像，不仅不替裴楷遮丑，反而在裴楷的脸颊上点了三根

▼ 东晋名士陶渊明。

毫毛，结果效果显著，将裴楷的神采意趣，都生动地展现出来了。

顾恺之笔下的线条流畅而绵密，为后世提供了良好典范。因为年代久远，他的真迹没能流传至今，但是有几部宋朝摹本，如《女史箴（zhēn）图》《洛神赋图》等，都是中国绘画史的瑰宝。除了绘画作品，顾恺之还总结创作了大量绘画理论，高度概括了自己以形写神的创作实践和技巧。

离奇小说《搜神记》

文学方面，东晋时代有一部著名的志怪小说——《搜神记》。它的作者是活跃在两晋之际的著名文学家干宝，这本书是由很多民间故事和历史传说编著而成的。虽然篇幅短小，情节简单，但它的故事却总是非常离奇浪漫。《搜神记》可以说是中国神怪玄奇小说的代表作之一，后来的唐传奇、《聊斋志异》等小说在体例、创作手法、内容等方面都受到了它的启发。

10 前秦的发展与败亡

世界 大事记 中国

350年 君士坦丁一世的儿子君士坦提乌斯二世平定叛乱，成为罗马帝国唯一的奥古斯都（一个称号）

347年 东晋大将桓温攻灭成汉

352年 氐人苻称帝，建立前秦，定都长安

▼ 风声鹤唳，草木皆兵。

淝水之战中，东晋有八万兵力，前秦有百万兵力，这一战中是谁胜利了呢？

强盛的前秦

苻洪是氐人，曾做过后赵的将领，他去世后，儿子苻健继承了他的势力。苻洪虽然投降了东晋，苻健却跟东晋不合，双方反目后，苻健建立了前秦。善于打仗的苻健多次成功抵御了东晋的进攻，让前秦逐渐发展成一个强盛、稳定的国家。

357年，苻坚成为前秦的新皇帝。他深受汉人文化影响，崇尚儒学，重用卓越的政治家、军事家汉人王猛。王猛一上任，就大力打击震慑欺负百姓的权贵和豪强，打破了氐人贵族的权力垄断，让朝廷可以公正地选拔官员。苻坚还非常关心百姓们的生活，西北地区的经济很快发展起来。

王猛总能一针见血地点明时局的关键，带兵打仗的本领也很强，曾经亲自带兵灭亡了前燕，可以说，他是苻坚的坚实后盾。当时的人都赞扬苻坚统治的西北地区政治清平，经济繁荣，是一个生活安定的好地方。在王猛的协助治理下，前秦日益强盛，逐渐统一了北方。

45

成语讲堂

草木皆兵

苻坚和属下符融一起登上城楼眺望晋军时，看到晋军阵列森严、舟船高耸，心中已经开始害怕起来，甚至把摇晃的草木都当成了晋朝士兵。后来，人们以"草木皆兵"形容人神经过敏、疑神疑鬼。

以少胜多的淝水之战

苻坚非常想消灭东晋，统一全国。王猛死前一直极力反对他的这个想法，王猛认为前秦虽然发展得比较好，目前国力比东晋的要强，但是打仗的消耗实在惊人，以前秦的国力还不足以一统天下，而且东晋能凭借长江的天险抗敌，前秦一定不能轻敌。

一开始，苻坚暂时听从了王猛的劝诫，但王猛一去世，苻坚的野心就又复苏了。一统天下是他的梦想，无论如何也想实现。于是他亲自率领百万大军，浩浩荡荡地进攻东晋。

东晋派出大将谢玄率领精锐部队——北府军迎战，双方在淝水碰上了。苻坚手下的将领建议他在河岸坚守，苻坚不听，认为自己有武力上的绝对优势，一定要渡过淝水攻打北府军。渡河途中，东晋却忽然发动攻击，秦军猝不及防，阵形大乱。东晋将领趁机大喊："秦军已经战败了！"前秦的士兵听了以后更是斗志丧失，溃不成军。趁着这个时机，东晋发起猛攻，彻底打败了此次来犯的前秦。

东晋以八万兵力大败前秦百万兵力，使前秦国力大受损伤。东晋则趁机把国界从长江沿线推进到黄河沿线。淝水之战是中国军事史上重要的以少胜多的战役。此战之后，前秦衰落，北方又陷入动乱之中。

成语讲堂

风声鹤唳

苻坚的军队在淝水战败后，听到风声以及鹤的叫声，都恍惚以为是追兵的动静，于是他们脚不停歇、昼夜相继地逃跑。后人便以"风声鹤唳"形容人在受过刺激后，心灵变得脆弱不堪，一点风吹草动都受不了，也用来形容岌岌可危的处境。

375年 日耳曼民族开始大迁徙

370年 前秦灭前燕　　　　　　　　376年 前秦灭前凉，基本统一北方

11

南朝宋：
穷小子刘裕的
声名鹊起

南朝的第一个政权，为
什么叫"刘宋"？

南朝和北朝

南北朝时期形成了南北政
权对抗的局面。南朝是指南方的
宋、齐、梁、陈，它们是四个前
后延续的政权；北朝是指北方的
北魏，以及由它分裂而来的东
魏、西魏，还有后来演变成的北
齐、北周。

刘宋是南朝的第一个朝
代。开国皇帝刘裕小时候家里
比较穷，后来他凭借自己的努
力打破了只有世家大族才能掌
握国家大权的状况。刘裕看重
能力而不是出身，给了同样是
草根出身的寒门子弟更多改变
命运的机会。

433年 罗马帝国名将埃提乌斯成为帝国实际统治者

420年 刘裕代晋自立，定都建康，国号宋　　430年 南朝宋文帝第一次北伐失败　　439年 北魏太武帝拓跋焘统一北方

▼ 刘裕北伐时，在敌人经过的路上设置了大量拒马桩。

443年 东罗马帝国败于匈奴，签城下之盟

450年 南朝宋文帝第二次北伐失败

466年 南朝宋前废帝刘子业被杀

刘裕崛起

刘裕年轻时家里很穷，平时靠卖鞋子、捕鱼赚钱。后来有了一个参军的机会，他便加入了当时赫赫有名的北府军。

399年，一个名叫孙恩的人发动了声势浩大的农民起义，跟随他起义的人数最多的时候达到了数十万！东晋朝廷见状，赶忙派出刘裕所在的北府军镇压起义。孙恩的据点在海上，每次打不赢朝廷的正规军时就会退回海上，等待时机再战。他第三次起兵时遇上了刘裕，被刘裕打得落花流水，损失惨重。几个回合下来，"海盗"孙恩狼狈极了！

平定了孙恩之乱后，更强大的地方割据势力——桓玄又造反了！看出来了吧，魏晋南北朝时期是多么动荡不安，大家都觉得自己有机会能称王称霸。总之，桓玄攻破了东晋的都城建康，势不可挡，赶走了晋安帝，自己掌握大权。刘裕他们一点儿也不喜欢这个桓玄，便在404年起兵推翻了他，并把晋安帝接回来继续做皇帝，但这时候，东晋的朝政其实已经是刘裕说了算。

两次北伐的胜利

东晋虽然在南方重建朝廷，但一直没有忘记收复北方的土地。409年，刘裕发动了北伐。一方面，他集中优势兵力突袭南燕，在敌人冲锋的路径上设置了大量陷阱——拒马桩，这些拒马桩就是专门对付骑兵的障碍物。南燕的重骑兵们在冲锋时躲避不及，结果人仰马翻，只能任由东晋步兵打杀；另一方面，刘裕派遣精锐骑兵偷袭后路，在两路合击下击败了南燕。刘裕因此被封为"宋国公"，宋的国号就是这么来的。

这次北伐后，刘裕养精蓄锐了几年，再次北上作战，这次的目标是政局不稳的后秦。刘裕带着军队毫无阻碍地进入关中平原，杀退了崛起中的北魏，还顺利消灭了后秦，把东晋国土扩展到了关中平原。

两次北伐大胜之后，刘裕的势力声望都达到了顶点。420年，刘裕接受了晋恭帝的禅让，即位做了皇帝，定国号宋，历史上称为"刘宋"。然而此时的刘裕已经五十七岁，又过了两年，刘裕就去世了。

刘宋的中兴和覆灭

宋文帝刘义隆是宋武帝刘裕的第三个儿子，即位不久就清理了前朝重臣，将朝政掌握在了自己手中。他提拔大量寒门人才，工作也勤勤恳恳，沿袭了父亲刘裕的治国方略，帮助穷苦百姓，打击豪强士族，还大力发展教育，推行了很多繁荣文化的政策。

经过近三十年的努力，宋文帝开创了乱世中难得的盛世——元嘉之治，这是南北朝时期国家治理的典范。

可惜好景不长，随着三次北伐战争的无功而返，刘宋国力渐渐耗尽，朝廷矛盾激化。453年，宋文帝被太子杀害。刘宋后来即位的皇帝，一个不如一个。南朝的第一个政权就这样走到了终点。

12
刘宋时期的文化

祖冲之

▶ 科学家祖冲之在天文、数学等方面都有很高的成就。

伟大的科学家 —— 祖冲之

　　刘宋时代有一位伟大的科学家，名字叫祖冲之。他改变了前人计算圆周率的算法，采用新算法将圆周率推算到3.1415926与3.1415927之间。一千多年后，西方的数学家才取得了同样的成就。祖冲之还与他的儿子合写了数学论著《缀（zhuì）术》五卷，被收入著名的《算经十书》中。

　　经过精密计算，祖冲之还推算出了《大明历》，他把一个回归年的长度定为365.2428141日，与今天的推算值仅相差51秒（今测为365.24219878日）。

　　机械制造方面，祖冲之设计制造了水碓（shuǐduì）磨。把水碓和水磨结合起来，大大提高了农民舂米（chōngmǐ）和磨粉的效率，推动了江南经济的发展。此外他还设计制作了千里船，这种船利用轮子激水前进，一天能行一百多里！

◀ 谢灵运是南北朝时山水诗的开创者。

于南山往北山经湖中瞻眺

朝旦发阳崖，景落憩阴峰。
舍舟眺迥渚，停策倚茂松。
侧径既窈窕，环洲亦玲珑。
俯视乔木杪，仰聆大壑淙。
石横水分流，林密蹊绝踪。
解作竟何感？升长皆丰容。
初篁苞绿箨，新蒲含紫茸。
海鸥戏春岸，天鸡弄和风。
抚化心无厌，览物眷弥重。
不惜去人远，但恨莫与同。
孤游非情叹，赏废理谁通？

南朝的文学

南北朝时期的文学发展非常快，其中南朝风格更加华丽纤巧，而北朝风格则比较豪放粗犷。在这一时期，骈文是发展得最好的文体。这种文体特别讲究，前后的句子不仅要两两相对、对仗工整，还得押韵，读起来才美。因为多用四字或六字的句子来写文章，所以又叫四六文。鲍照、庾信等人都是写骈文的高手。

除了骈文外，南北朝时期的山水诗也很有名，它的开创者是著名诗人谢灵运。谢灵运把山水放到了诗歌中，对各个地方的美景进行了生动的描绘。写山水诗的人虽然很多，但人们大都认同谢灵运的山水诗是最为自然可爱的。他的这种诗歌风格，影响了许多诗人，他也被人们称作山水诗的鼻祖。

范晔与《后汉书》

　　范晔（Fàn Yè）是一位著名的文学家和史学家，出生在一个东晋士人家庭里。后来做官的时候，因为得罪了彭城王刘义康而被贬职。苦闷的范晔便开始整理东汉史书。在总结前人历史记载的基础上，范晔凭借着自己对历史的独到理解，写出了记录东汉历史的《后汉书》。因为叙述非常周密，描写也很生动，《后汉书》逐渐取代了当时流行的各种东汉历史著作，成为和《史记》《汉书》《三国志》并列的"前四史"之一。值得一提的是，《后汉书》里有许多歌颂敢于对抗黑暗政治的正义故事，也严肃鞭挞了蛮横的、欺压百姓的宦官外戚们。无论是赞美还是批评，观点立场都非常鲜明。

▲ 超级编辑刘义庆，他组织编纂的《世说新语》记录了许多名士的故事。

名士教科书《世说新语》

　　总的来说，《世说新语》可以说是一部"如何成为名士"的教科书。我们对魏晋时代那些风流人物的认知，很大程度上都来自《世说新语》。这本书是南朝宋的宗室子弟刘义庆组织编纂的，他曾任秘书监一职，掌管国家的图书著作，有机会阅读大量前代留下来的珍贵历史资料。后来他自己出钱聘请当时著名的文学人士一起来编写《世说新语》，用来记录魏晋南北朝时代那些名人的言行和逸事。

53

▲ 史学家范晔与他的代表作《后汉书》。

13

快速消亡的南齐

你知道南北朝时的户口为什么叫"黄籍"吗？

南齐的建立

刘宋的大臣萧道成因为平叛有功，逐渐掌握了实权。在跟政敌们的混战中，萧道成取得了最后的胜利，他接受了刘宋顺帝刘准的禅让，成为南齐开国皇帝。

萧道成是一个非常关心民间疾苦的人，他提倡节俭，反对奢靡浪费，还以身作则，把宫廷里的金银玉器等都换成了铁器，也禁止民间使用华丽的饰物。不过，因他在位时间很短，只有三年，所以还没来得及为南齐做出更多贡献。

短暂的好时光

南齐人的生活是在齐武帝萧赜（Xiāo Zé）统治期间好起来的，这段时期被称为"永明之治"。萧赜对农业和教育都非常重视，开办了许多学校。齐武帝明白战争对百姓生活伤害很大，所以他与北魏一直保持和平，这使国家和人民得到了休养生息的机会，经济也就渐渐恢复起来。

在政治清明的永明年间，思想、文化得以迅速发展。齐武帝的二儿子萧子良结交了很多有名的文人，沈约、王融、谢朓等都是他的好朋友，这几位著名的文学家将平、上、去、入四声应用在诗文中，开创了后世律诗的规范，这就是"永明体"。

知识充电站

南北朝的户口登记

南北朝的时候，政权更迭频繁，战乱不止，人口流动非常频繁。为了方便管理，那时候统治者们用"黄籍""白籍"来统计人口。黄籍可以看作是本地户口，因为是写在黄纸上，所以叫"黄籍"。上面会登记你的姓名、家里的人数、有多少田，还会有你的赋役记录。如果你是士族，上面会有你的爸爸、爷爷的官职爵位。

白籍则主要是为逃难的北方人南渡后新做的临时户口，因为写在白纸上，所以叫"白籍"。流民可能只是逃难暂住在现在的地方，所以白籍可以看成是暂住证或临时户口。为这些流民定下户口，国家就可以向他们收税了。

世界 大事记 中国

486年 克洛维一世独霸高卢，建立法兰克王国

479年 萧道成废宋，建立南齐

485年 北魏孝文帝颁布实施均田制
南齐爆发"却籍之乱"

▲ 南齐进行了大规模户口检查，如果被发现户口造假，就要被流放充军。

▲ 萧宝卷每次出游都要驱
赶百姓。

大规模户口检查
导致的问题

在这难得的好年景里，也出现了一些不和谐的事情，比如牵连广泛的"却籍之乱"。

我们知道，南北朝时代的士族们拥有政治特权，但越来越多的君主开始招募出身寒门的人才，所以寒门庶族也在慢慢崛起，有的庶族地主比士族还富有。但钱不是万能的呀，庶族地主虽然有钱，可地位远远不如士族，享受不到特权。于是，许多庶族地主就想假冒

道成在建立南齐政权后，开展了大规模的户籍检查运动。如果被查到户籍造假，就会被国家销去户籍，变成"黑户"，这就是"却籍"的意思。只是被销了户口也就算了，户口造假的话，全家都要被流放。

齐武帝萧赜继承了父亲的做法，这期间造成了很多冤假错案，百姓怨声载道，不少人畏罪逃亡。485年，唐寓之就是因为不愿意接受户口检查，才在富阳起兵叛乱。虽然叛乱被平息，但这场战事依旧是一场灾难。

最终，由于民间矛盾太深，齐武帝与庶族地主"握手言和"，宣布却籍无效，并同意让因为户籍而被发配边疆的平民回原籍，但此时已经有人被蒙冤充军十年之久了。南齐因此元气大伤。

南齐的衰落

齐武帝死后，南齐就陷入了衰落。他后面的皇帝，品行一个比一个糟糕。比如南齐的倒数第二个皇帝萧宝卷，就把国家治理得乱七八糟。开国皇帝萧道成非常节俭，而萧宝卷则相反，他铺张浪费、肆意挥

士族，在黄籍中伪造自己爸爸、爷爷的爵位，这样就可以不用承担赋税和徭役了。

想想看，如果大家的户口信息都造假，人人都有特权，谁也不交税，国家不就变穷了吗？为了查出这些假户口，萧

霍，结果搞得国库空虚。他还很喜欢出游，但每次出游的时候都要拆毁民居，驱赶百姓，违者格杀勿论，理由是不喜欢让百姓看见他。诸如此类的荒唐事简直说不完。

这样的皇帝肯定做不长久。后来萧宝卷是被自己的大臣杀掉的，死的时候才十八岁。

知识充电站

赋税和徭役

每个人享有权利的同时，也相应地需要承担义务。赋役，也就是赋税和徭役，可以看成古代人对国家的"义务"。赋税指的是古代的统治者向民众征收的田赋和捐税。徭役则是劳役、兵役，比如皇帝要盖房子啦，国家要打仗啦，朝廷就会强行在民间征发劳动力和士兵，而这些是没有报酬的。

57

14

南梁：文艺青年聚集地

你知道在文学领域里，"批评"是什么意思吗？

沉迷佛教的梁武帝

梁武帝萧衍是梁朝的建立者，在位长达四十七年，在南朝众多皇帝中位列第一。萧衍和南齐的皇室一样，都出身于兰陵萧氏。502年，他接受了南齐最后一个皇帝萧宝融的禅位，正式称帝，建立了南梁。

每一个开国皇帝工作都比较认真。萧衍在执政初期也是

这样，社会也慢慢恢复了稳定。不过，晚年的萧衍完全被佛教迷住了，曾经几次跑到寺庙"出家"。大臣们想尽办法才把他劝回皇宫，这么折腾下来，政事就渐渐被荒废了，从而导致南梁后来动乱四起。

侯景的叛乱

侯景本来是北朝东魏的叛将，后来被梁武帝萧衍收留，所以当梁朝要与东魏通好时，侯景就很不满。548年，侯景一鼓作气攻陷了南梁都城建康，囚禁了萧衍，老病交加的

萧衍很快就去世了。掌控了国家大权的侯景为了保证自己的权力，相继拥立又废黜了两个傀儡皇帝。551年，侯景改国号为汉，自己当了皇帝。直到552年，建康被梁军收复，侯景被部下杀死，叛乱才算平息。

500年 克洛维一世征服第戎王国

502年 萧衍建立南梁

▼ 梁武帝非常推崇佛教。

画龙点睛

适合文艺青年的南梁

因为萧衍本人就颇具文艺气质，所以南朝梁的文化艺术领域也十分繁荣，涌现出许多优秀的文人，也诞生了许多家喻户晓的作品。比如萧衍的儿子萧统就是南北朝时期的文学家，他编著的《昭明文选》是中国现存第一部文学作品选集，里面编选了一些先秦至梁以前各种文体的代表作品。除此之外，南梁还有许多值得一提的文艺成就，文人们甚至为品评诗文制定了一些理论。

比如刘勰（Liú Xié）创作的《文心雕龙》就是一例。刘勰是中国历史上的文学理论家、文学批评家，这里的"批评"意思是用一套理论去梳理和评价文艺作品，并不是老师指出你的不足时的那个"批评"。《文心雕龙》就是一本给人们参考如何批评文学作品的文学理论专著。

刘勰之后，南朝的文学批评家钟嵘创作了《诗品》，这是一本用来评论诗歌作品的理论。这本书里主要点评的是五言诗，钟嵘将从汉朝到南梁有成就的诗人分为上、中、下三品进行评论，还概括了他们诗歌的艺术特征。后来的人在评论诗歌时，许多都受到钟嵘的影响。

我们知道，南梁时佛教盛行，梁武帝萧衍就是一个沉迷佛教的人。但是宗教信仰是自由的，并不是每个人都会信佛，还有的人甚至不相信神明的存在，比如南朝的范缜就是著名的无神论者。范缜一生都在勇敢地向佛教宣战，还曾经跟崇信佛教的皇帝萧衍辩论。他的代表著作《神灭论》认为，人的精神和肉体是互相结合的，有了肉体，才有精神，肉体毁了，精神也就随着消灭了。你怎么看呢？

这是一个传说故事。据说在南北朝时期的梁朝，有个画家叫张僧繇。一天，他在建康一乘寺的墙壁上画了四条龙，这四条龙形象逼真，只是没有眼睛。周围的人看了，觉得缺少神韵，就问他为什么不把龙的眼睛补上去。张僧繇说："如果画上了眼睛，龙就会飞走。"大家都不信，认为张僧繇在唬人，都吵着要看龙怎么飞，张僧繇只好提笔在它眼睛的位置轻轻一点，只见天上立刻乌云密布，电闪雷鸣，被点上眼睛的龙腾空飞起，穿行云雾中。见此景象，大家惊叹不已，无不佩服张僧繇这神奇的点睛之笔。

524年 北魏爆发六镇起义

534年 北魏大将高欢拥立孝静帝，建立东魏，北魏正式分裂

535年 北魏大将宇文泰建立西魏

15

只存在了三十二年的南陈

南北朝时期，每个手握权力的人都想趁此机会建功立业，即使在相对安稳的江南地区，皇帝也总是换来换去。陈朝的开国皇帝陈霸先就是这时崛起的。

陈霸先虽然出身低微，没有显赫的家族帮他谋个好爵位，但他运气不错，有幸得到了皇子的赏识，慢慢成了一个手握军权的地方之主。南梁末期，侯景起兵叛乱的时候，梁朝根本没办法应对。朝廷的无能，让陈霸先萌生了取而代之的想法。

于是557年，陈霸先废掉了梁敬帝，自己当皇帝，建立陈朝，这也是南朝的最后一个政权。

南北朝时的江南地区相对比较安定，所以这里的经济、文化等领域都发展得比较好。加上梁武帝萧衍在位时纵容门阀士族，给了他们很多好处，导致南梁末期各个豪族只知道沉迷享乐，铺张浪费。

南陈的第二位皇帝陈文帝即位后，针对南梁残留的奢侈之风进行了一番整顿，被南梁拖垮的民生总算恢复起来。不过，一个朝代的亡国之君大多都不像他们的祖辈那样懂得管理国家、体恤民情。比如南陈最后一位皇帝陈叔宝就是如此。

陈叔宝是一个沉迷享乐的皇帝，他在位的时候，北方的隋朝已经建立了。而他呢，天天不务正业，就知道玩乐，写一些情情爱爱的歌词，著名的亡国之音《玉树后庭花》就创作于这一时期。

陈叔宝非常宠爱的张贵妃和朝臣孔范结为兄妹，孔范借此逐渐掌控了朝政。陈叔宝不喜欢听坏事，所以，一旦有不好的消息，孔范就扭曲事实，把坏事说成好事，甚至隋军将要渡江进攻了，孔范还说长江自古就是天堑（tiānqiàn），隋军不可能渡过，他孔范会带兵大败隋军！这样的南陈根本不是隋朝的对手。589年，隋军攻入建康，俘虏了陈叔宝。

从陈霸先称帝到陈叔宝亡国，南陈仅仅存在了三十二年。

61

561年 法兰克王国再次分裂为四国

557年 陈霸先建立陈朝

559年 陈文帝即位后大力革除南梁奢侈之风

16

北魏：
再统一与再分裂

北魏为什么要进行汉化改革呢？

北魏的建立

说完了南朝，再来看看北朝。淝水之战后，刚刚统一了北方的前秦分崩离析，黄河以北再次陷入分裂的状态，直到北魏建立。

而就在北魏逐渐统一了北方时，南方的刘宋政权也取代了东晋，南北对峙的格局就这样形成了，这就是历史上的"南北朝"的开始。

在连年战乱之下，北方的

经济生产遭到了极大破坏，人口、粮食、耕地、金钱都很匮乏。五胡政权与汉人政权的管理制度也有许多不同，这就产生了矛盾。在这样的局势下，北魏决定进行汉化改革。

其实北魏从建国开始就非常注重学习汉文化。对胡人来说，汉人的知识和技术都是非常先进的。到了第二代皇帝拓跋焘（Tuòbá Tāo）时，他更加认识到，要想维护和巩固自己的统治，不仅需要强硬的军事力量，也需要对大家进行礼、乐、法度等思想上的教育。因此，在431年，拓跋焘

知识充电站

田地怎么分配？

485年，北魏颁布了新的田地分配制度——均田制。按照均田制的规定，如果你老了或去世了，无法耕种田地，国家会把你的土地收回，再分配给其他的人。为了鼓励开垦荒地，还会按每户人家的人口来平均分配土地。用现在的话来说，相当于国家提供了土地保障。从国家的角度来看，政府可以直接控制地主农民们了，这也为国家的赋役提供了保证。

▶ 南北朝局势已定，北魏与刘宋对峙。

65

▲ 势均力敌的高欢和宇文泰
分别建立了东魏和西魏。

提出了"偃（yǎn）武修文"的口号，号召大家不要再打仗了，而是多多崇尚和发展文化上的事。他尊崇孔子，所以也提倡大家学习儒学，并提拔汉族知识分子帮他管理国家。

就这样，原本落后的北魏，通过改革，逐步向在当时更先进的政治制度转变。

汉化改革进行时

虽然北魏在439年就已统一了北方，开始推行汉化，但作为鲜卑族建立的少数民族政权，又处于常年战争之中，它的汉化进行得并不彻底。北魏的全面汉化，还是从孝文帝拓跋宏的改革开始的。

孝文帝登基时只有四岁，他的祖母冯太后是汉人，非常支持汉化政策，所以孝文帝也耳濡目染。他正式亲政之后，便全面改革鲜卑的旧习俗，让大家穿汉服、说汉语、改汉姓、与汉人联姻。此外，他还参照南朝的典章，修改了北魏的政治制度，并把都城迁到了洛阳。这样不仅更方便大家学习汉文化，也更方便他管理整个国家。相比之下更加先进的汉义化使北魏的经济、义化、社会等都快速发展起来。

再一次分裂

一切事物都有起有落，国家更是这样。汉化改革让北魏发展起来，但不能保证它永远强盛。北魏覆灭的起点发生在524年的"六镇起义"，这次起义的主角是鲜卑族的士兵们。

六镇的军队在建国初期是北魏政权最可依靠、最为信任的力量，但都城迁到洛阳后，他们的待遇和地位大大不如以前了，六镇将领们还克扣士兵的工资和食物，士兵们对此难以接受。这一次起义虽然是以失败告终的，但从此让北魏统治阶层陷入了内讧。

高欢和宇文泰是当时最有实力的人。高欢是北魏的官员，宇文泰是鲜卑族宇文家族的后裔。双方势均力敌，最后把北魏分裂成了两个政权。高欢建立了东魏，定都邺城；宇文泰建立了西魏，定都长安，和东魏对峙。

在北魏内部，大家对汉化和迁都的意见本来就不一致。而内部矛盾的激化，终于导致好不容易统一的北方再次进入了分裂状态。

▼ 北魏进行汉化改革，采取了一系列措施，鲜卑人都开始穿汉服、说汉语。

你好！

知识充电站

"定姓族"政策是怎么回事？

"定姓族"政策是孝文帝的汉化改革之一，可以理解为让鲜卑人改汉姓。鲜卑人的姓氏和汉人的姓氏很不一样，所以孝文帝亲自做出规定，比如皇家的姓氏是"拓跋"，它所对应的汉人姓氏是"元"，这是地位最高的家族。再往下，还有鲜卑贵族"丘穆陵"一族的姓氏改为"穆"，"独孤"改姓"刘"，"贺楼"改姓"楼"，"普六茹"改姓"杨"，"步六孤"改姓"陆"，"贺赖"改姓"贺"。

在当时，汉人还处在门阀社会里，非常讲究身份，为了能更好地跟汉人融合，孝文帝要制定鲜卑的贵族等级，用来跟汉人的身份等级进行对应。这样也方便两族联姻通婚。可以说，改姓的政策确定了一个全新的贵族制度。

67

17
北魏的佛教与文化生活

北魏的佛造像和唐朝的
佛造像相比，造型上有
什么不同？

云冈石窟

为什么要"灭佛"?

佛教兴起之后发展得很快。记得我们在前面提到的"赋役"吧?对当时的百姓们来说,赋役是很沉重的义务。因为僧侣可以免除赋役,所以许多人为此出家,信徒们还会向佛寺捐钱。越来越多的人力和钱财脱离了国家的控制,这对志在统一的拓跋焘来说是难以接受的。加上他已经改信道教,拓跋焘于是开始对佛教下手。"北魏太武帝灭佛"是中国历史上第一次灭佛运动,这场运动从446年起,一直持续了六年。

绝美的石窟艺术

虽然太武帝发起了灭佛运动,但北魏的佛教还是取得了很大的发展。云冈石窟、龙门石窟都是在这时候诞生的。

云冈石窟的开凿前后历经了近七十年。这么长的时间里,人会慢慢长大、变老,石窟的形貌也一样会因为时间而变化。根据石窟的形制、佛像的内容和样式,云冈石窟又被分为早期、中期、晚期三个阶段。

龙门石窟

▲ 北魏太武帝灭佛运动。

早期石窟又叫昙曜（Tán Yào）五窟，每个石窟中间都有一尊巨大的如来佛像，气势恢宏。中期石窟开凿的时候，正好是北魏最兴盛的时候，所以云集了一大批全国最优秀的工匠。这个时期的佛造像汉化风格明显，非常华美，被称为"太和风格"。晚期石窟则大多是私人开凿的了，这些佛像看起来十分清瘦，"秀骨清像"的造像风格就是这时候开始的。此外，晚期石窟中还大量描绘了当时的世俗生活，这为我们打开了一扇了解当时社会的窗户。

龙门石窟的开凿历经了北魏、东魏、西魏、北齐、北周、隋唐等朝代，前后持续了四百多年，主要还是由北魏和唐朝工匠们开凿的。这里面比较多的是大型造像，最大的佛像有十七米，几乎相当于五层楼那么高了！石窟造像的艺术风格和各个朝代的审美非常接近，北魏以瘦为美，所以佛像都比较清瘦；唐朝以胖为美，佛像则比较圆润。如果参观龙门石窟，你可以试着分辨一下它们的年代。

突出的科技成就

随着北魏政局的逐渐稳定，北魏的科学家们也有更好的条件去做研究了。大名鼎鼎的地理著作《水经注》和农学著作《齐民要术》都是这时候写成的。

《水经注》是著名地理学家郦道元的旅行笔记。从名字上来看，它是对《水经》这本古书做的注释，不过这本书写的可远远不止《水经》中的内容，这里面还包括了与河流有关的历史遗迹、人物故事、神话传说等。

《齐民要术》成书于北魏末年，作者是著名的农学家贾思勰，这是世界农学史上最早的专著之一，也是中国现存最早的一部完整的农书，被后人们誉为"中国古代农业百科全书"。

值得一提的是，北魏还产生了中国书法艺术史上独特的字体"魏碑"。魏碑都是刻在石头上的，风格多样，有着隶书和楷书两种字体的神韵，后世书法家们都很喜欢借鉴学习。现存的魏碑作品数量巨大，可以说是中国书法艺术史上的高峰之一。

18

战争中诞生的北朝民歌

有一句话叫"国家不幸诗家幸"，意思是国家有难，百姓受苦，会让诗人们发出许多感慨，刺激他们写出诗文来抒发自己的感情。其实百姓们也是这样。东魏和西魏的连年征战催生出了许多脍炙人口的民歌，保留在《乐府诗集》中的就有七十多首，其中最为耳熟能详的要数《敕勒（Chìlè）歌》与《木兰诗》了。

敕勒川，阴山下，天似穹庐，笼盖四野。
天苍苍，野茫茫，风吹草低见牛羊。

——《敕勒歌》

这首民歌描绘了辽阔草原的日常场景，歌词简单、朗朗上口，所以很方便大家传唱。相传《敕勒歌》是东魏将军斛律（Húlǜ）金写的。东魏与西魏在玉壁对决的时候，东魏的实际统治者高欢患上了重病，甚至谣传他已病死，这对东魏军队的士气是个极大的打击。于是高欢只能带病坐在大帐之中稳定军心。为了让士兵们打起精神来，高欢派斛律金用鲜卑语唱起了《敕勒歌》来提振军心，东魏大军士气顿时高涨，这首民歌也流传了下来。

而《木兰诗》讲述了木兰替父从军的故事。当时战乱不停歇，征兵也是常有的事，木兰不忍看老弱的父亲再次经历从军的困苦，就女扮男装代替父亲去尽男儿保家卫国的责任，这在当下仍然是备受称赞的事迹。《木兰诗》经过民间集体创作与文人改编，在唐朝初期最终定稿，但是基本的情节框架其实在北朝就已经完成了。"花木兰替父从军"的故事就是根据这首民歌写的，至今仍被人们口口相传。

19

西魏：
我是皇帝，
但我说了不算

西魏真正的统治者
并不是皇帝，那么
究竟是谁呢？

西魏的建立

　　前面说到，北魏最后分裂成了东魏和西魏，这是怎么回事？

　　534年，北魏的孝武帝元修不想再受权臣高欢的控制了，恰好这个时候，另一位权臣宇文泰对元修表达了自己的忠心，并且愿意出兵援救他。

于是，元修就像抓住救命稻草一样，赶紧逃到关中投奔了宇文泰。

　　大家觉得宇文泰帮助了北魏正统的皇室，非常忠义，所以都很认可他。获得了大义名号的宇文泰逐渐有了和高欢相抗衡的实力。

　　可是，拥有了强大势力的宇文泰不想单纯做一个大臣了，如果自己能说了算不是更好吗？于是他设计毒杀了孝武帝，改立北魏孝文帝的孙子元宝炬为皇帝，西魏的历史就是从这开始的。有了个听话的新

皇帝，宇文泰就成了真正的掌权者。

局面大扭转

　　西魏原本是比东魏要弱一些的。546年，西魏想联合柔然一起进攻东魏，把这个老对手给解决掉。谁知道，这个小心思却被高欢知道了。东魏拆散了这个脆弱的联盟，并对西魏发起了猛烈进攻。

　　西魏与东魏在玉壁打了起来，这就是"玉壁之战"。可高欢也没想到，兵力更多的东魏居然失败了，高欢自己还因

74

546年 东西魏之间爆发玉壁之战，东魏惨败，次年高欢去世

为这一战得了重病。他死后，重臣侯景不喜欢东魏的新领导，于是先后跳槽到了西魏和南梁。宇文泰则趁机赶紧攻打东魏，彻底扭转了局势。

西魏的皇帝虽然姓元，但西魏真正的掌权者一直都是宇文泰。元氏也想过反抗宇文泰，夺回自己的实权。可他们哪里还是这位位高权重的大臣的对手呢？556年，宇文泰病重，将国家政权交给了自己的儿子宇文觉。他死后，宇文觉即位称天王，改国号为周，取代了原来的西魏。

短命的西魏就这样在历史的长河中消失了。

▼ 玉壁之战中，高欢又是建土山，又是撞城墙，用尽了办法，但都被镇守将军韦孝宽给化解了。

20 寿命只有二十七年的北齐

▲ 北齐皇宫。

成也高洋，败也高洋

高欢病死之后，他的大儿子高澄继承了东魏大丞相的位置。高澄是一位手腕高明的政治家，本来想篡位自己做皇帝，可是天意难料，二十八岁的高澄被人刺杀了，东魏政权落到了他弟弟高洋手里。

550年，高洋废除东魏皇帝，自己登上了帝位，并改东魏国号为齐，史称北齐。北齐的前期国力还比较强盛，在高洋的统治下，汉人得到重用，朝廷对贪污的行为也不容忍。

但"成也高洋，败也高洋"，他的本性非常残暴，虐杀大臣们毫不手软，像是高德政与杜弼这两位，因为给高洋提意见就被处死了。朝中大臣都不敢再谈论政事，人人自危。

高洋的残暴表面上镇压了

554年 查士丁尼一世征服东哥特人，基本恢复了罗马帝国版图

550年 高欢之子高洋建立北齐，东魏灭亡

557年 宇文觉建立北周，西魏灭亡

▲ 北齐响堂山石窟。

北齐鲜卑族与汉族的势力，实际却使矛盾越来越激化。他的不知节制终于害了自己。

而北齐呢，虽然先后有六位皇帝即位，但它在历史上仅仅存在了二十七年而已。

北齐的石窟建造

北齐时期，佛教在民间依旧影响深远，大量佛经已被翻译成中文，许多信佛的人都会抄写或镌刻佛经。当时非常流行在天然石材上刻下经文，让世人观看，这种方式又叫"摩崖刻经"。著名的响堂山石窟中保留了大量的石刻经书，还有四千多尊佛像。可惜的是，这座历经千年的石窟遭受了很多次毁坏，许多佛像都成了"无头"人。

响堂山石窟可以分为北响堂山和南响堂山，在它们的不远处还有一个小响堂寺。北响堂山石窟是由高洋本人主持建造的，是一座皇家石窟。这个地方风景很好，高洋在位的时候经常路过这里，佛教又是北齐的国教，所以他决定在这儿建造一个石窟，路过的时候可用以休息。

北齐的佛造像风格很有特点，自成独特的"北齐造像模式"，对后来的隋唐佛造像都产生了影响。佛教本身的发展变化可能并不大，但佛像的风格在不同朝代却各有特点。北齐时候的佛像，看起来形体强健，风格比较豪迈，佛像的服装也比较质朴。

77

21

灭佛运动
与北周的崛起

北周有许多人信奉佛教，那么北周皇帝为什么要反对佛教呢？

北周是西魏权臣宇文泰的儿子宇文觉建立的，不过，宇文觉的皇位还没坐多久，就被他的堂兄宇文护给毒死了，死的时候才十五岁。宇文觉死后，他的弟弟宇文毓（Yǔwén Yù）和宇文邕（Yǔwén Yōng）先后被推上了帝位，宇文邕就是历史上著名的周武帝。

佛教在北魏末年的影响很大，那时候全国有三万多所佛寺，僧侣尼姑多达二百万人。然而这并不是北周统治者希望看到的，大量年轻人出家当尼姑和尚去了，这意味着北周失去了许多能做士兵和苦力的人。要知道在古代，人力可是非常宝贵的资源。总而言之，寺院经济的繁荣大大影响了北周的稳定和发展。

567年，大臣卫元嵩劝周武帝宇文邕下令毁灭佛法，改变现状。但由于当时权倾朝野的宇文护是佛教徒，周武帝说了也不算，所以灭佛的事只得推迟。不过灭佛运动也不是周武帝一拍脑袋决定的，在正式灭佛之前，皇帝和大臣们其实进行了好几次辩论，探讨佛教的优劣。

宇文护被周武帝铲除后，灭佛运动正式开始了。从574年开始，大量佛塔和佛像被毁灭、破坏，寺庙的钱和地也被收归国家，已经出家的僧尼们被迫还俗。不过在这次灭佛运动中，受到破坏的不只是佛教，还有道教。

灭佛运动让北周国力大增，兵源也日益充足，为出兵北齐，统一北方打下了基础。

572年 北周武帝宇文邕诛杀权臣宇文护，亲掌大权

574年 北周武帝发起灭佛命令

577年 北周灭亡北齐，北方地区再次统一

▼ 北周武帝灭佛。

79

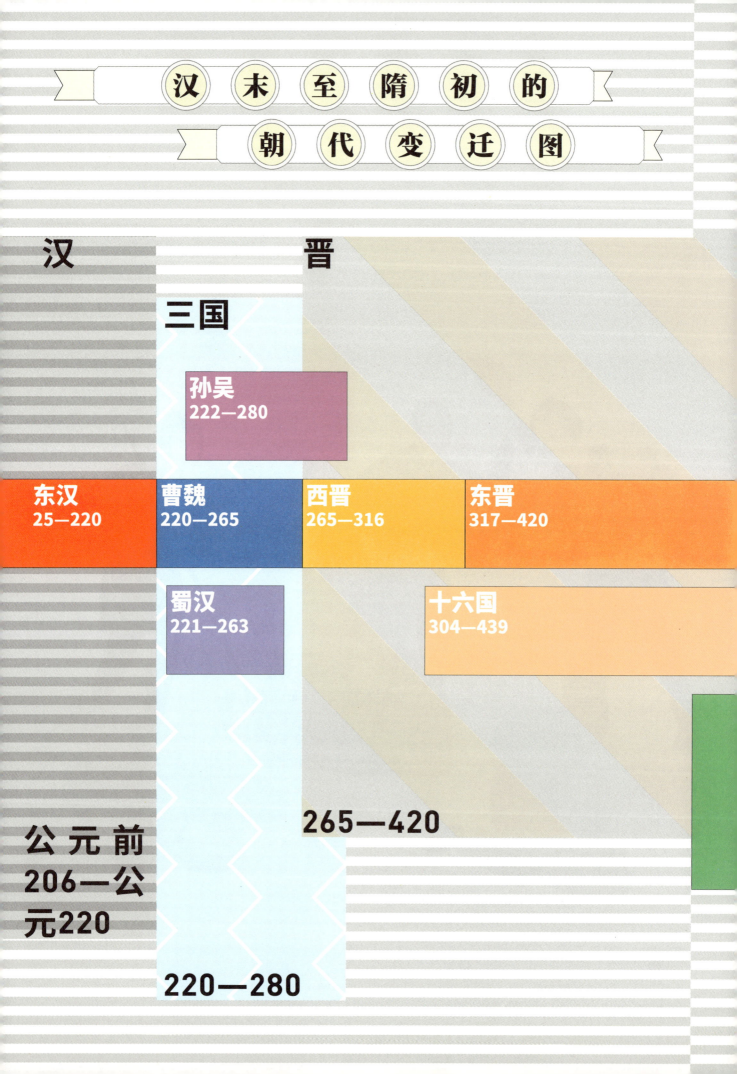

汉末至隋初的朝代变迁图

汉

晋

三国

孙吴
222—280

东汉
25—220

曹魏
220—265

西晋
265—316

东晋
317—420

蜀汉
221—263

十六国
304—439

265—420

公元前
206—公
元220

220—280

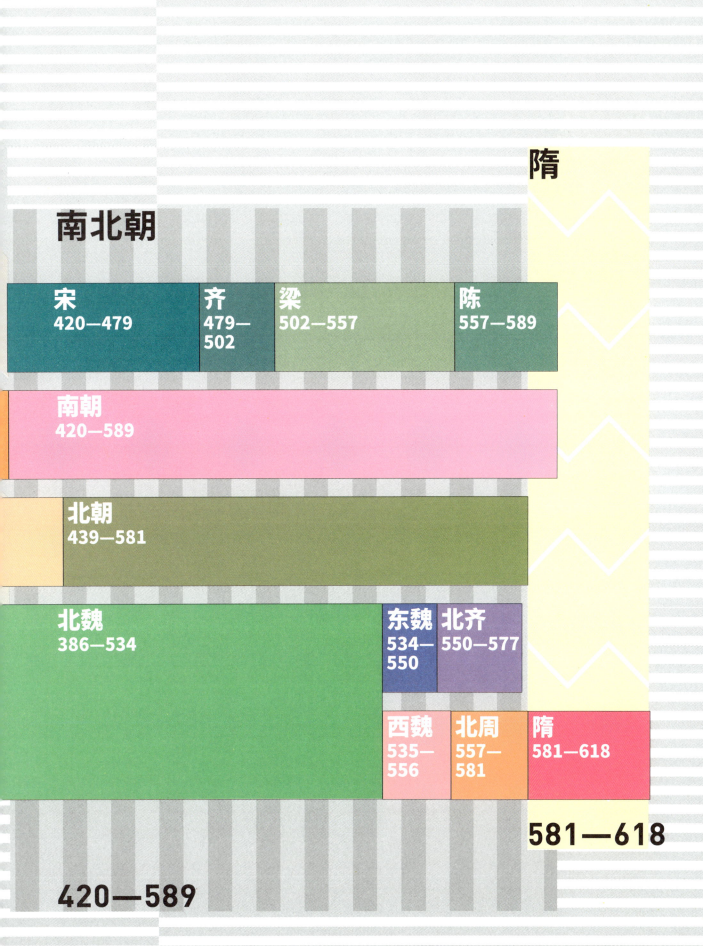

南北朝

宋
420—479

齐
479—502

梁
502—557

陈
557—589

南朝
420—589

北朝
439—581

北魏
386—534

东魏
534—550

北齐
550—577

西魏
535—556

北周
557—581

隋
581—618

隋

420—589

581—618